평생 운이 좋아지는 법

좋은 운을 부르는 그림의 힘

평생 운이 좋아지는 법

에레 마리아 지음 · 정연우 옮김

위로와 용기가 필요할 때,
진정 원하는 내가 되고 싶을 때,
보기만 해도 인생이 달라진다!

이이콘
북스

PROLOGUE

이 책에서 당신은 천사, 요정, 용, 봉황, 페가수스, 유니콘, 돌고래, 인어, 여신 등 '성스러운 존재들'을 만나게 됩니다. 제가 그린 그림들 속에는 이런 존재들의 강력하고 신성한 사랑의 힘이 담겨 있습니다. 그림을 보는 동안 당신은 이 존재들과 공명하게 되고, 그 힘과 메시지를 받아 소원을 이루고 마음이 치유되는 신기한 경험을 하게 될 것입니다. 진심을 담아 기원한다면 그 소원은 반드시 실현될 것입니다.

☀ 그림과 함께 시작된 제2의 멋진 인생

제가 왜 이런 그림을 그리게 되었는지 궁금할 것입니다. 원래 그림을 좋아하기도 했지만, 이 그림을 그리기 시작한 데는 특별한 계기가 있었습니다.

서른다섯 살 때였습니다. 우연히 들른 도서관에서 미국의 국민화가로 불리는 그랜드마 모지스(Grandma Moses)의 그림과 마주하게 되었습니다.

그랜드마 모지스는 따뜻하고 사랑이 가득한 그림으로 유명한 화가입니다. 농사일을 하며 10남매를 낳아 기르던 그녀는, 70세가 넘어서야 그림을 그리기 시작해 80세 때 처음으로 개인전을 열고 101세에 생을 마감할 때까지 붓을 놓지 않았고, 1,600점의 작품을 남겼습니다.

모지스의 인생 여정을 알아가는 동안 이런 생각이 들었습니다. '좋아하는 것은 몇 살에든 시작할 수 있는 거구나. 나는 70세까지 아직 35년이나 남았어…… 나도 이런 멋진 삶을 살고 싶다.'

그 후 저는 육아와 일을 병행하며, 짬이 날 때마다 평소 너무나 좋아하는 요정과 돌고래 그림을 그리기 시작했습니다. 그리고 홈페이지를 만들어 그림을 하나하나 올려놓았습니다. 이후 무언가에 이끌려 천사의 그림을 그리기 시작했고, 인터넷상에서 요청을 받아 그림을 그리고 개인전을 열게 되었습니다.

너무나도 바빴지만 매일매일 충실한 나날이었습니다. 성스러운 존재로부터 사랑을 듬뿍 받으며 즐겁게 그림을 계속 그렸습니다.

✳ 사랑과 희망의 메신저

2000년 6월 어느 날, 저는 아침부터 성모 마리아(9쪽)의 그림을 그리고 있었습니다. 당시 제 주위에서 성모 마리아에 관한 이야기가 계속 들려오던 터라 '한번 그려보자' 마음먹고 열심히 그리던 중 이런 메시지를 받았습니다.

"이제부터는 그림에 전념하고, 그림으로 사랑을 전하세요."

성모 마리아로부터의 메시지였습니다.

그 무렵 저는 파트타임으로 회사를 다니고 있었는데, 그 메시지를 받고는 곧바로 회사를 그만두기로 결심했습니다. 회사가 한창 바쁠 때였지만, 제가 그림에 전념하겠다고 하니 모두들 축복해주었습니다.

그 후 새로운 만남이 계속 이어지고 그림 작업도 점점 늘어갔습니다. 큰 흐름이 저를 그림의 세계로 향하게 하는 듯했습니다. 사랑의 메시지를 따르면 좋은 흐름이 생기고 종국에는 반드시 잘 되는 듯합니다. 에너지가 순환되고 가야 할 길도 저절로 열립니다. 성스러운 존재의 인도를 믿고 따랐던 저 역시 좋아하는 일을 마음껏 하면서 주변에 사랑도 전하게 되었으니까요.

마리아는 그런 소중한 메시지를 저에게 가르쳐주었습니다. 당신도 이 책을 통해 성스러운 존재와 이어졌으면 좋겠습니다. 그리고 진정으로 원하는 것을 이루고 주위에 사랑을 전파해주었으면 합니다.

* MARIA *

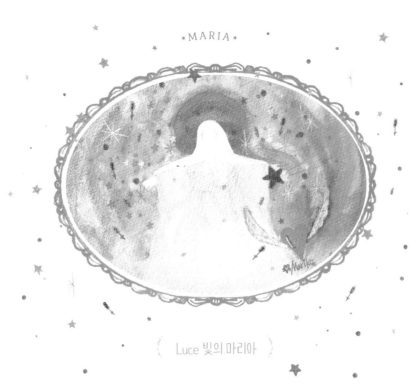

Luce 빛의 마리아

✦ 많은 분들에게 기적이 일어나고 있습니다

더 많은 사람들에게 제 그림을 보여주고 싶은 마음에 1997년부터 인터넷에 그림을 공개하기 시작했습니다. 그리고 2000년부터는 천사 그림을 그려 달라는 주문을 받고 지금껏 그려오고 있습니다. 일본뿐만 아니라 전 세계에서 많은 주문을 받아 그림을 그려주고 엽서 형태의 그림도 수없이 보내주었습니다. 이내 저에게 많은 메시지들이 전달되었습니다.

'우주의 축복'(150쪽) 엽서를 받아 식탁에 놓아둔 이후, 이혼을 생각했던 남편과 관계가 회복되어 지금은 너무나도 사이가 좋아졌습니다! (S·Y씨/34세)

'대천사 가브리엘'(62쪽) 그림 덕분에 여러 가지 도움을 받았습니다. 돈이 부족하던 차에 임시 수입이 생겨 급한 돈 문제가 해결됐고, 가족 중 아픈 사람이 있는데 아주 좋은 병원과 의사를 만났습니다. 소박한 행운 한

가지 더! 지극히 개인적인 소망이었지만, 제 생일에 무지개를 보길 바랐는데, 그날 쌍무지개를 보았습니다.
(F·H씨/44세)

이사할 곳을 찾고 있던 중에 '태양의 여신 아마텔라스' 그림엽서를 받아 잘 놓아두었습니다. 그 덕인지, 그 전까지 봤던 곳보다 훨씬 조건이 좋은 곳을 찾아 기분 좋게 이사할 수 있었습니다. 그런데 신기하게도, 이사한 맨션의 이름이 독일어로 '태양'이라는 뜻이라고 하네요! (R·Y씨/33세)

이 외에도 '대천사 가브리엘(62쪽)과 미카엘 그림(86쪽)을 베개 밑에 두고 잤더니 노로바이러스에 감염됐던 아이의 열이 내리고, 하룻밤 사이 증상이 사라졌다'라는 이야기도 들었습니다.
　제 그림을 곁에 두고 보시는 분들에게 행운과 기쁜 일이 점점 많아지고 있는 것 같아 너무나 행복합니다.

성스러운 존재들은 인간을 지켜주고 돕는 것이 주어진 임무라서 우리의 소원과 바람이 들려오길 언제나 기다리고 있습니다. 당신이 진심으로 바라는 것을 감사의 마음을 담아 그들에게 전달해보세요.

✦ 오늘 하루, 무엇을 원하시나요?

이 책에 실린 그림들에서는 성스러운 존재들의 힘찬 에너지가 나옵니다. 마음을 활짝 열고 성스러운 존재와 만나보길 바랍니다. 위로가 필요할 때, 성공과 부를 원할 때, 중요한 미팅이 있을 때 등 상황이나 목적에 따라 그림을 분류해놓기는 했지만, 책을 읽는 방법이나 그림을 보는 방식은 특별히 정해져 있지 않습니다. 가장 끌리는 그림을 보고 마음으로 느끼면 됩니다.

왠지 유난히 끌리는 그림이 있다면, 당신에게 지금 필요한 에너지를 담고 있는 그림일지도 모릅니다. 성스러운 존재의 강력한 에너지를 자유롭게 즐겨보기 바랍니다.

　좋은 기운과 에너지가 늘 함께하길 원한다면 이 책을 항상 지니고 있어도 좋을 것입니다. 또는 눈을 감고 아무 페이지나 펼쳐 나온 그림에서 그날의 메시지와 에너지를 듬뿍 받아보는 것도 좋습니다.

　신성한 사랑의 힘과 강력한 행운이 당신 곁에 가득하길 바랍니다.

CONTENTS

I

언제나 당신 편에서
당신을 지켜주는
존재들

꿈의 성취와 목표 달성을 돕는
천사

천사는 이름 그대로 하늘과 인간 세상을 이어주는 존재다. 하늘의 뜻을 지상으로 가져오고, 하늘의 신성한 에너지를 지구에 전달해주는 역할을 한다.

천사는 언제나 당신의 행복을 바라고 돕는다. 꿈의 성취와 목표 달성을 선물하고, 힘들고 괴로울 때는 거룩하고 따뜻한 빛으로 당신을 감싸준다.

천사가 있는 곳엔 맑고 숭고한 사랑의 울림이 가득하다. 자만과 이기심 따위는 존재하지 않는 온전한 사랑의 세계다. 천사는 그런 순수한 사랑을 아낌없이 내어주고, 때때로 두려움과 죄책감이 일렁이는 우리의 마음을 차분히 진정시켜준다.

천사를 곁에 둔다면 어떠한 경우에도 긍정의 메시지를 받을 수 있다. 나쁜 일이 생겼거나 부정적인 생각이 자꾸 고개를 들 때, 천사의 인도를 따른다면 그 일이 당신의 성장을 위한 것이며 결국 좋은 쪽으로 귀결될 것이라고 믿고 행동할 수 있을 것이다.

그림을 통해 천사의 존재를 느껴보라. 그리고 원하는 것을 진심으로 전달해보라. 천사는 기쁨 가득한 기적을 반드시 보내줄 것이다.

* Angelic Trustiness *
Archangel Jeremiel

대천사 제레미엘

대천사 제레미엘은 우리가 스스로에 대한 믿음을 지켜나갈 수 있도록 돕는다. 어떤 상황에서도 자신의 능력을 믿으며 전진해나갈 수 있도록 깊은 애정으로 지켜준다.

살다 보면 별의별 다양한 일들과 마주하게 마련이고, 그 모든 일은 다 일어날 만해서 일어난다는 걸 당신은 아마 알고 있을 것이다. 불필요한 과거에 얽매이지 말고 마음을 가볍게 하자. 인생에 다가오는 모든 일은 성장을 위한 귀한 자산이 된다. 넘을 수 없는 벽은 없다. 자기 자신을 믿고 제레미엘의 보살핌을 느껴보라.

조화로운 인생을 선사하는
요정

요정은 대지의 에너지를 우리에게 전달하고 자연과 조화의 중요성을 가르쳐준다.

요정은 동화나 그림책에만 나오는 존재가 아니다. 꽃이나 풀이 싱싱하게 돋아나 있는 곳에서도 그들을 만날 수 있다. 숲이나 시냇물, 꽃밭 등 자연으로 나가보라. 아름답고 풍요로운 자연 속에서 뛰노는 요정들의 존재를 느낄 수 있을 것이다. 주변에 그런 곳이 없다면, 베란다나 마당에서 정성 들여 식물을 키워보라. 갖가지 요정들이 찾아올 것이다.

요정은 장난치기를 좋아하는 성향도 갖고 있다. 느닷없이 물건을 흘리거나 잃어버렸다면 당신과 함께 놀고 싶어 하는 요정의 소행일 수도 있다. 요정은 아이의 순박함을 간직하게 도와주고, 아이처럼 마냥 천진난만하게 놀 수 있는 순수한 에너지를 전달해준다.

요정의 존재를 직접 느껴보고 싶다면 화관을 만들어 써보는 것도 좋다. 생화든 조화든 상관없다. 좋아하는 꽃을 골라 자신만의 화관을 만들어보라. 기쁨의 에너지가 샘솟고, 마치 요정이 된 것 같은 기분이 들 것이다. 요정은 당신의 그런 신호를 알아채고 곧바로 놀러와 줄 것이다.

요정이 이 지구에서 영원히 즐겁게 살 수 있도록 자연을 소중히 대하고 요정들에게 많은 도움을 받아보자.

디바로부터 당신에게,
그리고 지구에게

디바는 요정들의 여왕이며, 자애롭고 상냥한
품성을 지니고 있다.
　　그 크나큰 사랑으로 언제나 당신을 지켜준다.

운세를 드높이는
용

　용은 하늘과 땅을 이어주는 존재로, 구름 모양과 비, 폭풍 등의 자연현상을 빌려 모습을 드러내는 경우가 종종 있다. 천지를 움직여 물과 땅을 지켜주고, 강력한 에너지를 활성화시키는 용의 존재를 느껴보라. 용의 강한 기운을 받아 당신의 좋은 운세가 한층 더 강력해질 것이다.

　용은 고대 중국에서부터 전해지는 신성한 존재다. 일본에서는 예로부터 물의 신으로 신성시되었으며, 풍수에서는 용이 지나는 길을 '용맥'이라 하여 중요시해왔다. 용맥이 지나는 땅은 행운을 안겨주고, 높은 에너지를 갖고 있다고 한다.

또한 동양 각지에는 용이 등장하는 민화나 전설이 남아 있으며, 용을 소재로 한 공예품이나 예술작품도 많이 있다. 이처럼 용은 예로부터 동양 사람들에게 사랑과 숭배를 받아왔다.

한편, 서양의 용(Dragon)은 동양의 용과 달리 네 발이 있으며 불을 뿜는 모습을 하고 있다. 서양의 동화 등에서는 악역으로 등장하기도 하지만, 초자연적인 힘을 갖고 있고 하늘과 땅을 이어주는 존재라는 면에서는 동양의 용과 매한가지다.

해돋이 용과
벚꽃 요정

　해돋이 용은 우리가 태어날 때부터 갖고 있는 희망 에너지를 활성화하고 미래를 향해 나아갈 힘을 안겨준다.

　힘차게 하늘로 차오르는 해돋이 용의 힘과 벚꽃 요정들의 화사한 에너지를 받아 우리 내면의 멋진 꽃을 피워보자. 사랑과 기쁨의 에너지가 충만해질 것이다.

평화를 수호하는
봉황

    본래 수호하는 힘이 무척 강력하다고 잘 알려져 있는 봉황은 우리의 평화로운 일상을 세심히 지켜주는 든든한 파수꾼 역할을 한다.

    봉황도 용과 마찬가지로 고대 중국에서 전해지는 신성한 존재다. '봉'은 수컷을 '황'은 암컷을 지칭하며, 옛날에는 '붕'이라고 불렸다. 날개를 가진 360가지 동물의 우두머리인 봉황은 '성천자'라 불리는 덕이 있는 왕이 나타나 세상이 평화로울 때만 모습을 드러낸다고 한다.

봉황의 날개는 오색으로 아름답게 빛나고, 날개 끝에는 공작처럼 5가지 무늬가 있으며, 다섯 종류의 울음소리를 낸다고 전해진다. 봉황이 하늘을 날 때는 그 영험함으로 인해 폭풍과 낙뢰가 일어나지 않고 초목이 쑥쑥 잘 자란다고 한다.

일본에서 전해오는 이야기에 따르면 그 모습은 공작과 닮았으며, 크기는 다섯 척(150cm) 정도이고, 앞모습은 기린, 뒷모습은 사슴, 목은 뱀, 등은 거북, 꼬리는 물고기, 턱은 제비, 주둥이는 닭을 닮았다고 한다.

음양으로 친다면 봉황 자체는 '양'에 해당하지만, 용과 조화를 이룰 때는 '음'이 되고, 용과 봉황은 음양의 균형이 이루어진 최고의 조합이 된다. 봉황도 용과 마찬가지로 구름 등의 자연현상을 통해 모습을 드러내곤 한다.

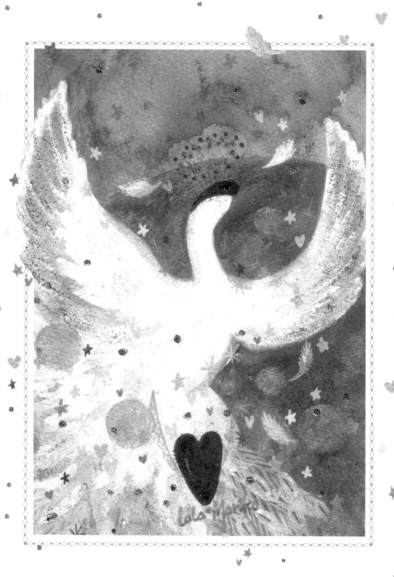

백색 봉황

크고 흰 날개를 펼치고 비상하는 모습은 영혼의 성장을 나타낸다. 봉황의 뒤에는 환상적으로 빛나는 보라색 지구가 떠오르고 있다.

있는 그대로의 자신을 당당히 표현하려 할 때, 마음의 소리를 따라 변화를 꾀하려 할 때, 당신은 정신적 성장을 이루게 된다. 그런 당신을 봉황이 기쁘게 인도해줄 것이다.

상승의 에너지를 내뿜는
페가수스

페가수스는 승천의 상징이다. 우리를 고차원의 길로 인도하며 정신적 성숙을 돕는다. 페가수스는 그리스 신화나 로마 신화에 등장하는 신비한 존재다. 페가소스(pegasos)라고도 불리며, 일본에서는 천마라고도 불렸다. 아름다운 날개를 펼쳐 순백의 빛을 발산하며 하늘로 날아오르는 모습은 유럽의 회화나 조각 등의 모티브로 자주 활용되었다. 자유자재로 날개를 움직이는 페가수스는 바람처럼 빠르고 하늘로 날아올라 지치지 않고 계속 날 수 있다고 한다.

그리스 신화에서는 영웅 페르세우스가 메두사를 쓰러뜨린 다음 그 피에서 태어났다고 전해지며, 페르세우스를 비롯한 많은 영웅들이 페가수스를 곧잘 타고 다녔다. 그러나 고집이 센 일면도 있어서, 탈 사람을 직접 고르기도 하고 등에서 떨어지면 다시 타는 것을 가차 없이 거부했다고 한다.

페가수스는 물과도 연관이 깊어 그리스어로 '샘', '수원'을 뜻하며, 신화에 따르면 자유롭게 하늘을 날아오른 다음 지상에 내려와 샘물을 마시며 목마름을 달랬다고 한다. 또 그리스의 헬리콘(Helicon) 산이 천계(天界)까지 닿을 것 같을 때에는 페가수스가 나타나 산을 원래대로 되돌렸고 거기에 샘이 솟았다는 전설도 남아 있다. 그 샘은 예술가나 예언자의 영감의 원천이 되었다고 한다.

무지개를 만드는
빛의 페가수스

페가수스는 당신이 한 차원 더 도약하는 과정을 돕는다.

빛의 페가수스는 사랑과 기쁨과 감사의 진동을 통해 당신을 고차원의 길로 인도하며 계속 하늘로 날아오른다. 무지갯빛으로 빛나는 세계로 향해보라.

행복한 마법을 일으키는
유니콘

뿔 짐승인 유니콘은 그 이름에서 알 수 있듯 이마에 날카로운 뿔을 가진 전설의 백마다. 라틴어로 '하나의 뿔'을 의미하고, 그리스어로 '모노케로스'라고 한다.

직관력과 초능력을 인지하는 제3의 눈이 있는 곳에 돋아난 뿔은 안테나 같은 기능을 해서 빛의 에너지나 하늘로부터 정보를 받아 지상에 전달한다. 또 이 뿔은 해독작용이나 물을 정화하는 힘을 가졌다고 한다.

문학작품이나 동화에도 수없이 등장하는 유니콘은 오랜 시간 사람들에게 사랑과 동경의 대상이 되어왔다. 프랑스 철학자이자 문학가인 볼테르(Voltaire)는 유니콘을 '이 세상에서 가장 아름답고, 가장 우아하고, 가장 용맹하고, 가장 상냥한 동물'이라고 표현했다.

그의 말대로 유니콘은 상냥한 성향을 지녔지만 사람을 따르지는 않는다. 사람에게 붙잡힐 경우 스스로 목숨을 끊거나 길들여지기를 거부했다고 한다. 단, 순수한 소녀에게만은 유일하게 마음을 열고 소녀의 무릎에 몸을 기댄다고 한다.

유니콘을 타고 있는
마법사 요정

마법사가 되고 싶은가? 유니콘이라면 그 꿈을 들어줄 수 있을 것이다. 유니콘은 실현 불가능해 보이는 소원도 이루어지게 돕는다.

우리 모두는 신비한 힘을 가지고 있다. 다만 그 힘을 깨닫지 못할 뿐이다. 만나고 싶었던 사람에게서 갑자기 연락이 오거나 원하던 물건을 우연히 갖게 된 경험이 있지 않은가? 원하는 것에 의식을 집중하면 신비한 힘이 보다 강력해진다. 유니콘이 그 길로 당신을 이끌어줄 것이다.

위로와 기쁨의 전령사
돌고래

우리의 행복과 성장을 돕는 성스러운 존재들 중 돌고래는 유일하게 눈으로 보고 만질 수 있는 대상으로, 바다에 사는 천사에 비유할 수 있다.

돌고래는 고주파를 내보내고 텔레파시를 자유자재로 이용하는 고차원적 동물이다. 우리에게 놀이와 즐거운 일의 소중함을 가르쳐주는 소중한 친구이기도 하다.

돌고래의 에너지와 연결되면 일상에 활력과 즐거움이 찾아든다. 두려움과 외로움이 사라지고 마음이 활짝 열린다.

고대 벽화나 조각에도 자주 등장하는 돌고래는 인류의 오랜 친구로서 무한한 사랑을 아낌없이 베풀어왔다. 놀이를 좋아하는 돌고래는 순간순간을 진심으로 즐길 줄 아는 천재적인 재능을 가지고 있다. 그리고 상처받은 사람을 위로하는 상냥함도 지녔다. 인간의 아픔을 잘 이해해주기에 많은 이들이 돌고래에게서 위로를 받고 활기를 되찾을 수 있다.

돌고래는 우리가 마음을 열고 지금 이 순간을 즐기고 자신의 직관을 따르도록 인도해준다. 돌고래와 만남으로써 우리는 살아있는 기쁨을 실감하게 된다. 평화와 조화와 사랑으로 가득한 돌고래의 진동을 느끼고 빛나는 인생을 만끽해보라.

바다의 천사들

　돌고래 세 마리와 거북이, 물고기, 바다 속 친구들과 천사들
모두 즐거운 시간을 보내고 있다. 당신이 친구, 동료들과 더욱
사이좋고 즐겁게 지낼 수 있도록 응원하는 중이다. 오늘부터
사랑과 행복이 가득한 하루가 시작된다.

동심과 활기를 되찾아주는
인어

나는 인어에게서 가볍고 밝은 진동을 느낀다.

그런데 이상하게도 안데르센의 '인어공주'나 어부를 유혹하여 죽음으로 이끈 독일의 로렐라이 전설처럼 인어에 관한 스토리는 대개 슬픈 결말을 맺는다.

인어는 사람들의 눈에 띄지 않도록 조용히 숨어 살면서 간혹 모습을 드러낸다고 전해진다. 이런 신비감으로 인어는 많은 사람들을 매료시켰고, 세계 각지에서 신화와 전설의 소재가 되었다. 고대 바빌로니아나 그리스에서도 인어는 여신과 같은 존재로서 조각이나 회화에 등장한다.

　인어는 생명의 원천인 바다를 지키는 중요한 역할을 맡고 있다. 또한 바다 특유의 평화롭고 행복한 시간을 온전히 만끽할 줄 안다.

　힘겨운 상황에 괴로워하며 좌절하기보다는, 동심을 발휘해 지금 눈앞에 보이는 것에 초점을 맞춰 즐기겠다는 마음으로 전력을 다한다면 반드시 좋은 결과를 얻을 것이다. 인어는 우리가 그렇게 살아갈 수 있는 방법을 알려준다.

　또한 인어는 여성스러움과 우아함을 상징하기도 한다. 자기 자신을 소중히 여기며 살아갈 수 있도록 어머니와 같은 바다의 포근함으로 우리를 감싸 안아준다.

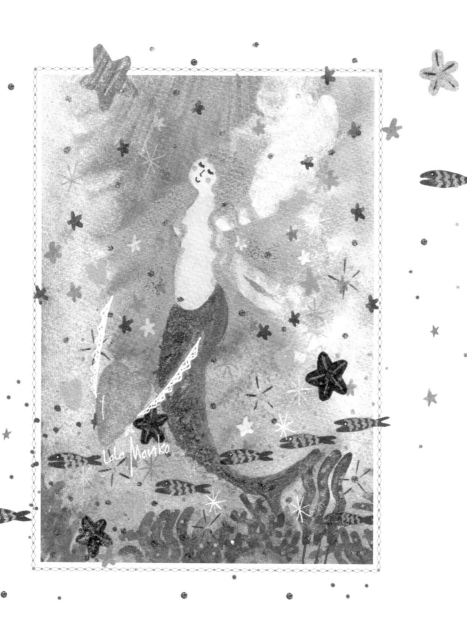

깨달음의 시간

　　인어는 최적의 시점과 상황에 깨달음을 얻을 수 있도록 인도
해준다. 어두운 깊은 바다 속, 인어들이 있는 곳에도 신이 보내
는 빛은 전해진다. 고개를 들어 하늘을 보면 언제든 빛이 쏟아
진다. 항상 빛이 들지 않아도 괜찮다. 무슨 일이든 무리하지 않
고 조금씩 이어나가면 반드시 찬란한 빛을 만나게 될 것이다.

창의성을 자극하는
여신

여신은 세계 각국의 신화나 전설, 종교 등에 등장한다. 그리고 여신들에게는 저마다의 개성과 역할이 있다. 이들은 여성 특유의 강력한 힘과 상냥함, 아름다움, 수용력을 통해 우리를 성스러운 빛으로 지켜주고 이끌어준다. 또 우리가 타고난 창의성을 충분히 발휘하고 빛을 발할 수 있도록 해준다.

창의성이 필요할 때, 자신에 대한 믿음이 필요할 때, 돈독한 인간관계를 원할 때, 더 깊이 사랑하고 싶을 때, 진심을 다해 소원을 빌면 여신은 천사와 협력해 소원이 이루어질 수 있도록 힘을 발휘한다.

여신은 본래 인간이 신격화된 존재다. 인간은 그 에너지를 나름으로 느끼고 숭상해왔기에 문화나 종교에 따라 동일한 여신이 다른 이름으로 불리는 경우도 있다. 예를 들어 인도의 물의 여신 사라스바티는 일본에서는 변재천으로 숭배되었다. 그리고 그리스 신화의 미의 여신 아프로디테는 영어권에서는 비너스로 불린다. 또 기독교가 금지되었던 일본의 에도시대에는 숨어서 활동하는 기독교인들이 관음상을 마리아관음으로 숭배해왔다.

이 모든 여신들은 사랑과 평화의 에너지와 폭넓은 수용력으로 우리를 수호해준다.

레무리아(Lemuria) 대륙의
잠을 깨우는 여신

고대 지구에 존재했다고 전해지는 레무리아 대륙. 레무리아
는 사랑과 빛과 평화로 가득한 조화의 세계다. 그곳에 잠을 깨
우는 여신 마라가 나타나 활기를 불어넣는다. 당신 내면에 잠
들어 있는 것들도 일제히 깨어나 당신을 한껏 빛나게 해줄 것
이다.

2

새로운 시작,
낯선 도전에 맞설
용기

황금의 문을 여는
용과 봉황

봉황과 용에 의해 새로운 문이 열렸다. 이들은 당신이 크게 비약하도록 돕는다. 황금의 문을 여는 용과 봉황에게 소원을 빌면 새로운 기회와 가능성이 열릴 것이다.

황금으로 빛나는 문의 저편에는 지금까지 예상하지 못했던 흥미진진하고 즐거운 세상이 기다리고 있다. 당신이 결심만 한다면 여태껏 알지 못했던 멋진 세계로 발돋움할 수 있을 것이다.

PEGASUS

새벽을
달리는 말

이제 시작된 새로운 길을 가벼운 마음으로 힘
차게 달려갈 수 있도록 용기를 불어넣어준다.

* Angelic Communication *
Archangel Gabriel

대천사 가브리엘

가브리엘은 성모 마리아에게 수태고지를 한 것으로 유명한 천사다. 새로운 생명이 태어날 때, 무언가를 시작할 때 큰 힘을 선사해준다.

가브리엘은 사람들 사이에 소통이 원활해지도록 돕기도 한다. 당신이 잘못된 길로 들어섰거나 주변 사람과 갈등을 빚을 때, 가브리엘은 당신의 편에서 믿음직한 기둥이 되어 어긋난 부분을 바로잡고 새롭게 시작할 수 있도록 이끌어준다. 사이가 불편해진 누군가와 관계 회복을 원할 때나 인간관계를 좀 더 넓히고 싶을 때 도움을 요청해보라.

ANGEL

* Angelic Beauty *
Archangel Jophiel

대천사 조피엘

대천사 조피엘은 내면의 아름다움을 깨닫도록 도와준다. 마음을 열어 내면의 미를 한껏 발휘해보라. 보석처럼 빛나는 마음이 한층 더 빛날 것이다.

미의 천사 조피엘은 당신의 외모와 생각, 아우라도 빛나게 해준다. 부정적인 생각이 들 때나 지쳐 있을 때, 조피엘은 은은하고 부드러운 핑크빛으로 당신을 감싸 밝고 긍정적인 기운을 북돋워줄 것이다.

사랑하는 사람과 데이트가 예정되어 있다면 조피엘에게 도움을 요청해보라. 당신의 진심이 상대방에게 고스란히 전달되어 함께 행복한 시간을 만끽할 수 있을 것이다.

라벤더 요정

이 그림은 우연히 찍은 사진의 라벤더 요정을 모델로 그린 것이다. 라벤더 요정 주위의 작은 별은 당신의 일상에 숨어 있는 보석들을 상징한다. 라벤더 요정은 일상 속에서 소소한 기쁨을 느낄 수 있도록 돕고 자신감을 일깨워준다.

화창한 여름날
천사, 인어, 돌고래와 함께

천사, 인어, 돌고래가 어우러진 바다 속 풍경은 쓸데없는 걱정이나 소심한 망설임에서 벗어나게 해준다. 지금껏 자신을 얽매고 있던 것들을 떨쳐내고 자유롭게 세상을 유영하는 모습을 마음껏 상상하라!

3

성공과 부를 통한
풍요로운 인생

* Angelic Big Hug *
Archangel Ariel

대천사 아리엘

대천사 아리엘은 한없이 큰 사랑으로 지구와 인간, 동물을 모두 감싸고 따뜻하게 안아준다.

어떤 일을 시작할 용기가 필요할 때, 한걸음 앞서나갈 힘을 원할 때, 아리엘에게 도움을 요청한다면 포근한 사랑의 힘으로 당신을 이끌어줄 것이다.

또한 아리엘은 풍요 속으로 당신을 인도한다. 아리엘에게서 풍요의 기운을 받아 당신의 사랑을 동물과 식물에게도 나누어 주라. 아리엘이 전달하는 풍요의 힘이 한층 강력해질 것이다.

ANGEL

금빛 하트

풍요와 축복을 기원하는 금빛 하트.

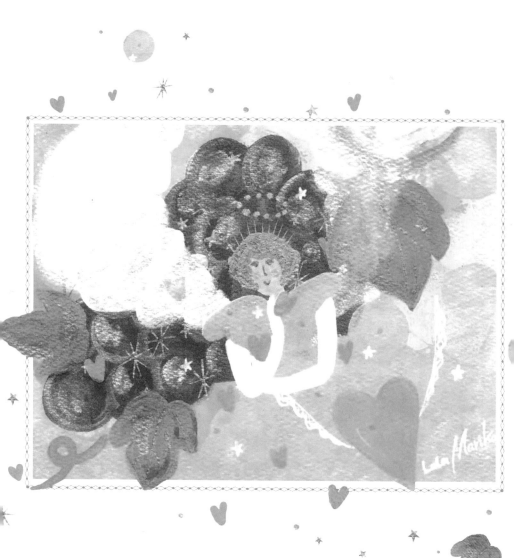

포도 요정

　탱글탱글 맛있게 익은 포도는 풍성함과 풍요로움의 상징이다.

　진정한 풍요로움은 단지 돈만이 아니라 즐거운 시간과 식물, 동물과 어우러져 조화를 이루는 것이다. 포도 요정은 진정한 풍요를 만끽할 수 있는 순수한 마음을 갖게 해준다.

DRAGON

황금의 용

　당신이 지금껏 경험한 일들은 무엇 하나 헛된 것이 없다. 슬프거나 힘들었던 일이라도 마찬가지다. 그 모든 일들이 어우러져 지금의 당신을 빛나게 한다.

　우주의 모든 에너지를 담고 있는 황금의 용은 당신이 해온 모든 경험이 소중한 자산이 된다는 점을 일깨워준다. 찬연히 빛나는 용의 힘을 얻어 하루하루 값진 자산을 쌓아나가라.

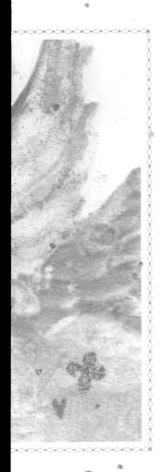

황금 봉황

당신의 인생에 큰 선물을 가져다준다.

영원한 사랑과 풍요의 여신
아분단티아(Abundantia)

아분단티아는 성공과 부를 가져다주는 강력한 여신이다. 그녀의 미소는 최고의 행운과 번영을 선사한다.

우주에는 사랑과 풍요가 무한히 존재한다. 아분단티아는 우리에게 그 무한한 에너지를 아낌없이 전달한다.

4

우울한 기분을
달래주는
긍정의 힘

ANGEL

* Angelic Protection *
Archangel Michael

대천사 미카엘

대천사 미카엘은 강력한 사랑의 힘으로 당신을 지켜준다. 만능의 힘을 지닌 미카엘은 불안과 공포를 잠재워 안도감을 안겨주고, 때로는 컴퓨터나 전자제품이 고장 났을 때 해결해주기도 한다.

대천사 미카엘은 전지전능한 힘으로 지구 전체의 방패 역할을 하며 사랑으로 모든 걸 감싼다. 힘들다고 느껴질 때, 누군가의 보호를 받고 싶을 때, 미카엘을 불러보라. 대천사 미카엘의 사랑과 수호의 빛은 언제나 당신 곁에 있을 것이다.

* Angelic Helping *
Archangel Azrael

대천사 아즈라엘

아즈라엘은 이승을 떠난 사람이 천국으로 갈 수 있도록 인도하는 천사다. 그리고 남은 사람들의 아픔도 달래주는 역할을 한다.

아무리 슬픈 상황이라도 아즈라엘이 항상 곁에 있음을 기억하라. 아즈라엘의 도움을 받는다면 슬픔이 사랑으로 승화되고, 더 나아가 주변 사람들의 슬픔과 불안까지 달래줄 수 있을 것이다.

우리를 구원하고 평화로 인도하는 아즈라엘의 온화한 사랑을 통해 자신과 주위 사람들을 치유해보자.

불꽃 요정

부정적인 에너지를 불태워 긍정적인 힘으로 변화시킨다. 우리 안에 잠들어 있는 열정을 불러일으키고 목표를 향해 나아갈 강력한 용기를 북돋아준다.

DRAGON

무지개 용

용의 입에서 뿜어져 나오는 무지개 색 빛은
어둠을 환히 밝히고 나쁜 상황을 역전시키는
힘이 있다.

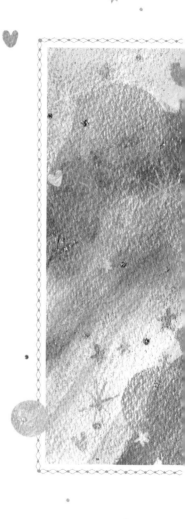

용과 천사

일상에서 소소한 즐거움을 찾고 싶은 당신에게 용의 멋진 마법이 펼쳐진다.

마음먹기에 따라 모든 일은 즐거운 놀이로 바뀔 수 있다.

인생은 즐거운 모험이다. 자유롭게 하늘을 나는 용의 기운을 받아 인생을 즐겨보자.

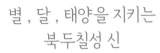

DRAGON

별 , 달 , 태양을 지키는
북두칠성 신

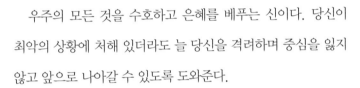

우주의 모든 것을 수호하고 은혜를 베푸는 신이다. 당신이 최악의 상황에 처해 있더라도 늘 당신을 격려하며 중심을 잃지 않고 앞으로 나아갈 수 있도록 도와준다.

우리는 우주의 큰 흐름 속에 살아간다. 마음먹은 대로 일이 잘 풀리지 않는다면 우주의 흐름을 믿고 자신을 맡겨보라. 유유히 산을 넘고 계곡을 넘나드는 용처럼 인생을 즐겨보라. 그 흐름에 몸을 맡기면 인생도 순조롭게 상승해간다.

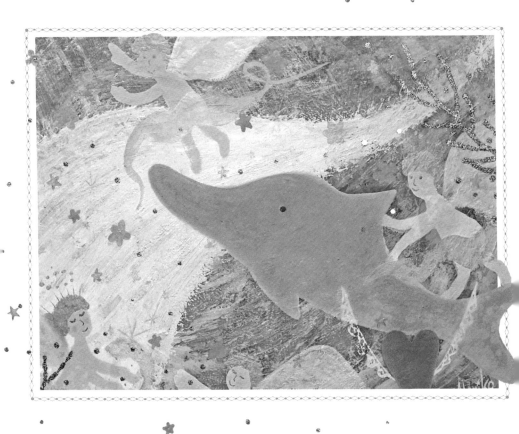

빛을 믿으며

9 · 11 테러 사건 직후 그린 그림이다. '아무리 어려운 일이 있다 해도 희망을 품고 빛을 향해 나아갈 수 있다'는 생각으로 그렸다. 태국이나 홍콩의 하구 부근에 실제로 살고 있는 핑크 돌고래다. 핑크 돌고래를 만난 사람은 반드시 행복해진다고 한다.

붉은 용

부정적인 분노의 에너지를 없앨 수 있는 것은 단 하나, 사
랑의 불꽃이다. 이 용은 정열적인 사랑의 힘을 상징한다. 그
강력한 사랑의 힘은 분노를 불태워 평온한 에너지로 정화시킨
다. 부정적인 감정이 사랑으로 승화되고 조화와 풍요로움을
느낄 수 있을 것이다.

5

지친 마음을
회복시키는
완벽한 휴식

* Angelic Misty *
Archangel Haniel

대천사 하니엘

달의 신비한 힘을 전달하고 여성적인 아름다움을 발산하게 해주는 대천사 하니엘. 하니엘의 신비한 힘은 당신의 내면에 평화와 자신감을 불어넣어준다.

이성과의 첫 만남이나 면접처럼 긴장되는 일이 있을 때 하니엘의 존재를 느껴보라. 고요하고 온화한 에너지가 당신의 마음에 스며들어 자신감을 불러일으킨다. 하니엘의 도움을 받는다면 당신 본연의 매력과 힘을 발휘할 수 있다.

마음이 어수선할 때는 하니엘의 섬세한 울림을 느끼며 천천히 심호흡을 해보라. 아름다운 달빛 아래 정숙함이 찾아든다.

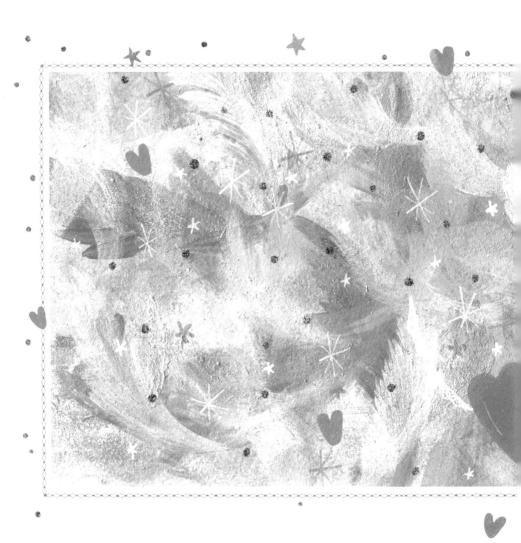

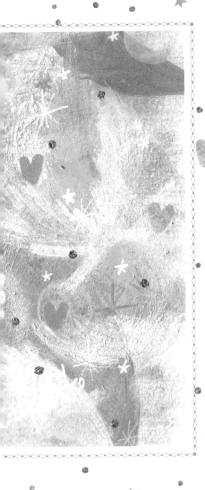

무지갯빛 날개의
복음

천사의 은총으로 순수하고 성스러운
에너지가 충만해진다.

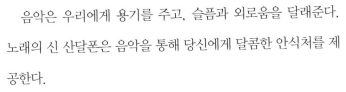

대천사 산달폰

    음악은 우리에게 용기를 주고, 슬픔과 외로움을 달래준다.
노래의 신 산달폰은 음악을 통해 당신에게 달콤한 안식처를 제
공한다.

    편안한 마음으로 기분 좋은 음악을 듣고 있는 자신의 모습
을 떠올려보라. 음의 울림은 당신 몸 전체에 스며들어 세포 하
나하나를 정화시키고 활성화시키는 힘을 갖고 있다.

    음악을 들으며 휴식을 취하고 싶을 때, 활력을 재충전하고
싶을 때, 산달폰의 존재를 생각하라. 또한 사람들 앞에서 노래
를 부르거나 연주를 할 때도 멋진 공연을 할 수 있도록 산달폰
이 활약해줄 것이다. 산달폰과 함께 음악과 인생을 즐겨보라.

FAIRY

별을 닮은
꽃의 요정

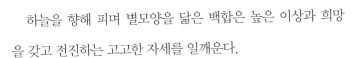

하늘을 향해 피며 별모양을 닮은 백합은 높은 이상과 희망을 갖고 전진하는 고고한 자세를 일깨운다.

이상을 향해 당당히 나아갈 수 있도록 백합 요정에게 소원을 빌어보자. 희망을 잃지 않는다면 꿈은 반드시 이루어진다.

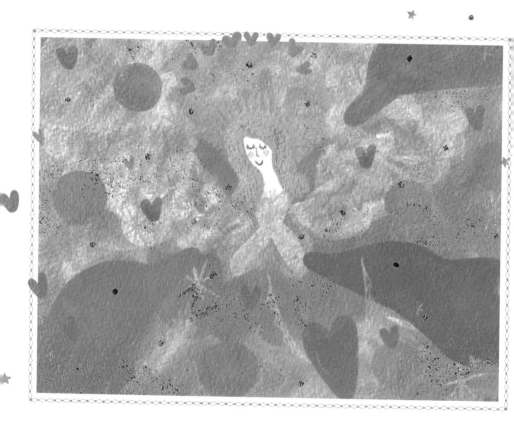

레인보우 핑크 천사와
돌고래

당신 안에 움츠러든 상처받은 아이를 위로해준다. 핑크 돌고래들도 사랑을 전해주러 모여들었다. 아무것도 두려울 게 없다. 천사와 돌고래가 과거의 슬픔과 괴로움을 사랑으로 녹여줄 테니 말이다.

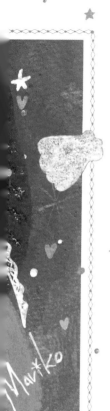

인어의 꿈

감히 말할 수 없는 당신만의 소중한 꿈에 빛
을 비춰준다. 그리고 밝은 미래로 인도해준다.

✳FAIRY✳

연꽃이 필 때

자신의 소중함을 잠시 잊었을 때, 마음이 울적할 때, 이 연
꽃 요정의 즐거운 모습을 떠올려보라. 인생을 즐기고 자신을
사랑하며 살아갈 수 있도록 멋진 마법을 걸어줄 것이다.

6

면접이나
중요한 결정을 앞둔
절호의 순간

* Angelic Inspiration *
Archangel Uriel

대천사 우리엘

우리엘은 끊임없이 샘솟는 지혜와 아이디어를 선사한다.

멋진 아이디어나 기발한 영감이 떠올랐다면 아마도 우리엘의 보살핌 덕분일 것이다. 창조적인 표현을 하고 싶을 때나 도약을 위한 영감을 원할 때 우리엘에게 소원을 빌어보라. 반드시 놀라운 아이디어가 샘솟을 것이다.

또 우리엘은 날씨를 담당하는 역할도 맡고 있다. 중요한 날, 날씨가 화창하길 바란다면 진심을 담아 우리엘에게 부탁해보라. 꼭 이루어질 것이다.

✳ Angelic Teaching ✳
Archangel Zadkiel

대천사 자드키엘

자드키엘은 당신이 진정으로 위로받고 성장하기 위해 필요한 배움과 만남을 언제나 절묘한 타이밍에 준비해놓는다. 되고 싶은 자신의 모습을 확실하게 정하고 열정으로 밀고 나가라.

자드키엘은 당신이 배운 것을 주위 사람들에게 알려줄 때나 전달할 때도 온힘을 다해 도와준다. 다른 사람을 가르쳐줌으로써 당신 자신도 더 많이 배워나갈 수 있을 것이다. 모든 체험과 경험이 당신의 보물이 되어 되살아날 것이다.

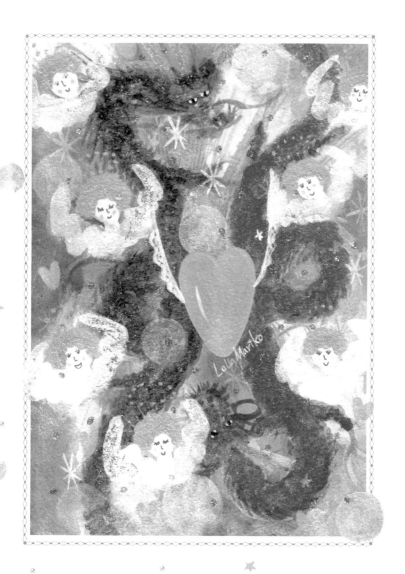

올라가는 용,
내려오는 용과 천사들

하늘과 대지를 잇는 용들의 힘을 한껏 받아보자. 마음의 중심이 잡히고 현재 상황이 크게 달라질 것이다. 당신의 뜻과 하늘의 뜻이 조화를 이루고 정체되었던 에너지가 순환하며 힘차게 움직이기 시작할 것이다. 당신의 인생이 강력한 자석처럼 원하는 것을 차츰 끌어당길 것이다.

무지개 봉황

무지개 봉황은 어떤 상황에서도 기쁨과 사랑, 감사를 느낄 수 있도록 당신을 응원한다.

빛의 은총을 받으며 우아하게 날개를 펼치는 봉황은 지금의 당신 자신이다. 자기 고유의 빛을 발산하고 당당하게 가슴을 펴라.

하늘을 나는 도도한 봉황처럼 당신의 목표를 확고히 하고 빛을 향해 날아보라. 사랑의 에너지를 받아 긍정적인 비전이 차츰 확대될 것이다. (92쪽의 무지개 용과 한 쌍으로 그렸다.)

여신 이시스의
황금 은총

고대 이집트의 여신 이시스는 모성과 치유, 힘을 체현하는 여신이다. 이시스가 뿜어내는 황금빛 에너지는 신비로운 사랑과 미와 지혜를 가져다준다.

체력이 바닥났을 때, 의욕이 나지 않을 때, 이시스의 강력한 사랑과 신비한 힘을 받아 열정을 충전해보라.

7

조화롭고
사랑 충만한
관계

* Angelic Friendship *
Archangel Raguel

대천사 라규엘

　주변 사람들과의 불화로 고민이라면, 대천사 라규엘을 소환해보라. 라규엘은 어긋난 관계를 바로잡아주고 인간 사이에 온기를 불어넣어준다. 오해를 풀고 싶거나 틀어진 관계를 회복하고 싶다면 라규엘에게 소원을 빌어보라. 그 소원은 반드시 라규엘에게 전해져 화해를 위한 좋은 계기가 만들어질 것이다.

* Angelic Peaceful Love *
Archangel Chamuel

대천사 차뮤엘

대천사 차뮤엘은 당신이 언제나 평화롭길 기원한다. 평화롭고 온화한 세계에는 공포나 불안, 결핍감이 설 자리가 없다.

새로운 집, 직장, 만남 등을 모색 중이라면 차뮤엘에게 부탁해보라. 불안한 마음을 잠재워주고 상상 이상의 멋진 일이 일어나게 해줄 것이다.

마음을 담아 소원을 빌었다면 그 다음은 차뮤엘에게 모든 것을 맡겨도 좋다. 필요할 때 필요한 것을 얻을 수 있도록 도와줄 것이다.

무지갯빛 은총

금빛과 은빛을 동시에 지닌 봉황은 당신의 남성성과 여성성을 상징한다. 내면의 남성성과 여성성이 균형을 이룬다면 당신의 마음은 더욱 빛날 것이다.

이성과의 만남을 원한다면 마음의 빛을 더 화사하게 발산하라. 그 빛으로 이성을 끌어당겨 꼭 맞는 상대를 찾을 수 있을 것이다.

마법에 걸린 사랑

페가수스는 순수한 사랑의 기쁨을 안겨준
다. 완벽한 행복을 느껴보라.

쌍둥이 돌고래의
찬란한 별

한 쌍의 돌고래는 공동의 목표를 응원한다.

찬란하게 빛나는 별을 쌍둥이 돌고래가 한마음으로 받들고 있다. 그리고 축복을 전하러 찾아온 천사와 요정들이 그 주위를 환하게 둘러싸고 있다.

아무리 큰 목표라도, 아무리 멀리 있는 꿈이라도 파트너십을 소중히 여긴다면 언젠가는 반드시 이루어진다.

사랑과 기쁨이 넘치는
관음과 천자들

자비심 깊고 마음이 넉넉한 관음은 모든 고통과 슬픔을 감싸주고 자애롭게 마음을 달래준다.

힘든 일로 계속 마음이 괴롭다면, 관음의 자비로운 에너지를 받아 자신에게 친절을 베풀어보라. 상쾌한 바람이 마음속에 들어와 응어리를 말끔히 녹여 정화시켜줄 것이다. 관음이 발산하는 사랑의 진동이 당신에게 기쁨을 선사할 것이다.

8

소원을
말해봐!

* Angelic Psychic Power *
Archangel Raziel

대천사 라지엘

인생의 다양한 경험을 쌓은 현명한 라지엘은 뛰어난 지혜를 전수해준다.

우리 미간에는 제3의 눈이 있다고 한다. 라지엘은 그 제3의 눈을 맑게 정화시키고 진실한 사랑으로 사물을 보는 힘을 가져다준다. 라지엘의 도움을 받는다면 당신 안에 있는 초자연적인 힘이 살아나고 잠재력이 꽃피게 될 것이다.

일곱 빛깔로 눈부시게 빛나는 무지개의 은총과 신비한 크리스털의 빛과 함께 라지엘은 지혜의 길을 활짝 열어준다.

블루 로터스 요정

대지의 에너지를 통해 당신이 신비한 힘을
발휘할 수 있도록 인도해준다.

우주의 축복

유니콘과 천사가 모여 축하 파티를 시작했다. 즐거운 음악도 들린다. 그 진동이 지구 전체로 퍼져나가 멋진 변화가 시작되고 있다.

우리 한 사람 한 사람의 기쁨이 큰 사랑과 축복의 에너지가되고, 이 지구를 사랑과 빛의 진동으로 변화시킨다. 서로가 서로를 이끌며 지구의 진동을 한층 드높인다. 사랑 충만한 세상으로 변화하고 있는 지금 이 순간을 유니콘과 함께 축하하자.

황금빛 유니콘

우주에는 무한한 사랑과 풍요로움이 존재한다.

유니콘은 제3의 눈에 돋아난 마법의 뿔로 풍성한 에너지를 모아 당신에게 영감을 불러일으킨다.

유니콘은 언제나 당신에게 도움을 주고 싶어한다. 당신 곁에 다가온 유니콘을 느껴보라. 그리고 진심으로 원하는 것을 전달해보라.

조용한 장소에서 심호흡을 하라. 멋진 영감이 떠오를 것이다.

DOLPHIN

* White ☆ Witch *

무지개 세상

무지개가 하늘에서 빛날 때, 흰 마법사가 내려와 세상을 일곱 빛깔로 물들인다. 그리고 무한한 사랑으로 신비한 기적을 일으킨다.

기쁨에 찬 마법사가 당신에게 마법을 걸어준다. 멋진 마법이 계속 일어나기 시작한다.

9

따뜻한
위로가
필요할 때

* Angelic Timing *
Archangel Raphael

대천사 라파엘

아름다운 에메랄드 빛 대천사 라파엘은 당신의 몸과 마음을 치유하고 큰 선물을 안겨준다. 슬픔을 딛고 일어서고 싶을 때, 깊은 상처로 몸과 마음이 지쳤을 때, 라파엘의 존재를 떠올려 보라. 부드러운 깃털처럼 포근한 에너지로 당신을 감싸 안아줄 것이다.

또 대천사 라파엘은 당신에게 최고의 타이밍에 좋은 일이 생기도록 인도해준다. 최적의 시점에 찾아오는 선물을 사랑과 감사의 마음으로 소중히 받아들이기 바란다.

ANGEL

빛나는 지구

지구와 당신은 이어져 있다.
당신이 빛나면 지구도 빛난다.

FAIRY

바람의 요정

기분을 전환시키고 나쁜 기운을 반전시킨다. 지친 마음과
찝찝한 기분을 정화시키고, 일상에 기쁨을 가져다준다.

물의 요정

졸졸졸 흐르는 맑은 물처럼 감정을 정화시켜 맑게 해준다.
자연의 순리를 거스르지 않고 운명의 흐름에 몸을 맡기면 행복
해질 수 있음을 일깨워준다.

사랑과 감사의
석양 인어

즐거운 시간을 보내고 난 뒤 찾아오는 충만함, 성취감, 감사의 에너지가 담겨 있다. 이 그림의 인어는 멋진 추억을 가슴에 새기고 우주의 성스러운 사랑이 모든 사람에게 전해지도록 석양에 기원하고 있다.

마리아의 빛과
천사들

당신에게 성스러운 치유의 힘과 진실한 사랑이 전해지도록 성모 마리아는 언제나 당신을 지켜주고 기원해준다.

마리아의 크나큰 사랑을 등에 업고 믿음의 날개를 펼쳐 마음먹은 그대로 인생을 여행해보라. 생각지 않았던 문제나 사고를 만나도 당신은 반드시 극복해나갈 수 있다. 때로는 높은 벽이 앞을 가로막거나 좌절감에 무너져 내려도 걱정할 필요 없다. 당신이 일어설 수 있도록 마리아가 손을 내밀어줄 테니 말이다.

대지의 요정

지구상의 모든 생명체를 포근히 감싸 안아주는 강력한 힘을 지닌 존재다. 마그마와 같은 열정과 땅에 발을 딛고 힘차게 나아갈 용기를 안겨준다.

✿ 당신 곁에서 늘 도움의 손길을 건네는 존재

당신은 결코 혼자가 아닙니다.

늘 성스러운 존재에 둘러싸여 사랑받고 있습니다. 당신에게 전해지는 사랑의 에너지를 듬뿍 느껴보세요.

크고 든든한 존재가 항상 당신을 지켜준다는 것을 믿고 지금까지 불가능하다고 생각했던 일들에 도전해보세요. 그리고 단 하나라도, 아무리 사소한 일이라도, 잘해낸 것이 있다면 자신을 칭찬해주세요.

당신에게는 무한한 가능성이 있습니다.

지금 여기에 이렇게 살아가고 있음에 감사하고, 당신이 할 수 있는 것들을 하나씩 늘려가보세요.

비록 눈에 보이지는 않지만 늘 곁에서 우리를 도와주는 성스러운 존재가 있다는 확신을 갖는다면 언제든 빛의 존재들이 당신에게 사랑과 가르침을 전해줄 것입니다.

천사의 손길

그림을 그리기 시작하고 나서 저는 성스러운 존재들의 인도를 많이 받았습니다.

이 책에 수록된 천사 그림을 본격적으로 그리기 시작한 것은 2000년부터입니다. 그 몇 년 전, 찻집에 깜빡하고 물건을 두고 나온 적이 있습니다. 며칠 후 물건을 찾으러 찻집에 갔다가 어떤 화가의 개인전 안내 엽서를 보게 되었습니다. 그때까지는 책에서나 보던 그림이었습니다. 그렇게 개인전을 보러 가게 되었고 훌륭한 그림에 감동받았습니다.

그 뒤로 그 화가의 개인전이 열릴 때마다 그림을 보러 갔습니다. 그러던 1999년 11월, 친구와 둘이서 개인전을 보러 갔다가 처음으로 원화를 갖고 싶다는 생각이 들었습니다. 그런데 하필이면 제가 사려는 그림을 친구도 사고 싶어 했습니다. 그 그림을 꼭 갖고 싶어 하는 친구의 모습에 저는 그림을 양보하기로 했습니다.

그 순간 문득 이런 생각이 스쳤습니다.

'아, 맞다! 내가 천사의 그림을 그리면 되잖아.'

그때까지 요정이나 돌고래 그림을 그려 홈페이지에 계속 올리면서도 왜 천사 그림은 한 번도 그려볼 생각을 안 했을까 하는 생각이 들었습니다.

지금은 천사의 존재를 확신하고 늘 사랑과 감사를 보내며 그들로부터 많은 사랑과 보살핌을 받고 있지만, 그 당시는 천사를 마냥 멀게만 느꼈던 것 같습니다.

그러나 그 순간 아주 자연스럽게 '내가 천사를 그려야겠다!'는 생각이 떠올랐습니다. 그리고 곧바로 그림을 그리기 시작해 천사 둘이서 미소 짓고 있는 그림을 완성했습니다.

그 그림을 본 친구는 "나도 꼭 그려줘"라고 부탁했고, 친구에게도 천사 그림을 그려주었습니다. 그림을 받아든 친구는 무척 만족해하면서, 아예 주문을 받아 그림을 그리는 게 어떻겠냐는 권유를 해왔습니다.

마침 새해도 밝아오던 참이고 해서, 친구의 조언을 따라 인터넷으로 그림 주문을 받기로 했습니다. 의외로 많은 사람들이 자기만의 그림을 원했습니다. 그렇게 해서 그해 주문받은 100장 이상의 그림을 그리게 되었고, 화가로서 새로운 인생을 걷게 되었습니다.

만일 그때 찻집에 물건을 두고 오지 않았다면, 친구와 원하는 그림이 겹치지 않았다면, 그리고 '내가 그리면 된다'는 생각을 하지 않았다면……. 그렇게 생각하자 천사의 인도를 느끼지 않을 수 없었습니다.

이런 우연은 결코 특별한 일이 아닙니다. 누구의 인생에든 신기한 우연의 일치는 일어납니다. 당신도 성스러운 존재가 이끄는 행복한 우연을 맞이해보세요.

❋ 마리아 그림에서 빛이 나오다

성스러운 존재는 다양한 형태로 자신의 존재를 알려줍니다. 프롤로그에서도 언급한 'Luce 빛의 마리아'(9쪽)를 그렸을 때의 일입니다. 저는 그림을 완성한 뒤 액자에 넣어 방에 걸어두었습니다.

며칠 뒤 아침, 잔뜩 흥분한 남편 목소리에 잠을 깼습니다.

"여보, 이거 봐! 신기해! 천사가……."

남편이 손으로 가리키는 쪽을 보고는 저도 깜짝 놀라고 말았습니다. 제가 그린 마리아의 손에서 순백의 빛이 사선으로 뻗어 나오고 있었기 때문입니다. 알고 보니, 남편이 열어놓은 창문을 통해 햇빛이 들어와 그림의 손 부분에 닿았고, 마치 마리아의 손에서 빛이 나오는 것처럼 보였던 것입니다. 그 빛은 거룩한 축복의 에너지로 가득했습니다. 서둘러 그 순간을 포착한 사진은 제 블로그에 올려두었습니다.

성스러운 존재에 대해 잘 모르는 남편에게는 마리아가 실제 천사처럼 보였을 테고, 흥분된 마음에 그 난리를 쳤을 것입니다. 아무튼 저는 남편이 그 빛을 발견하고 알려줘서 너무 기뻤습니다. 성스러운 존재를 실제로 보기란 어려운 일일 것입니다. 하지만 이처럼 생각지도 않을 때 멋진 형태로 메시지는 전해집니다.

'성스러운 존재를 믿고 싶다. 하지만 한 번도 본 적이 없을 뿐더러 그 존재감을 느껴본 적이 전혀 없어서 진심으로 믿기는 어렵다.'

이렇게 생각하는 분들도 있을 것입니다. 그러나 그 '믿고 싶다'는 마음을 소중히 여겼으면 좋겠습니다.

우리는 모두 성스러운 존재에게 사랑받고 있습니다. 아무리 힘들고 어려운 상황이라도 당신을 반드시 지켜줄 것입니다.

믿는 만큼 보인다

사랑과 치유의 힘을 지닌 성스러운 존재들의 메시지를 당신도 받아보세요.

성스러운 메시지는 하늘에 떠 있는 구름의 형태나 싱그러운 풀 등의 아름다운 모습 속에서 느낄 수 있을지 모릅니다. 또 절묘한 만남이나 신기한 우연, 문득 눈에 들어온 문구에서 그들의 이끌림을 느낄 수도 있습니다. 또는 깨달음이나 직감을 직접 전달해주기도 합니다. 성스러운 존재는 여러 형태로 느낄 수 있습니다.

그들에 대한 믿음과 확신이 클수록 더 많은 도움을 받을 수 있습니다. 그들의 사랑과 가르침을 듬뿍 받아보세요. 본래 인간은 신과 함께하는 사랑의 존재이기도 합니다. 그리고 무한한 가능성을 갖고 태어났습니다. 인간의 생각만으로 삶을 영위하려면 괴로울 수 있습니다. 그러나 성스러운 존재와 함께한다면 마음 편하고 행복하게 인생을 걸어갈 수 있습니다. 괴롭거나 슬픈 일이 생기더라도 배우고 성장할 수 있는 기회로 여기며 감사해할 수 있게 됩니다.

많은 분들이 이 책을 통해 성스러운 존재와 만나고 도움을 받기를 진심으로 바랍니다. 그리고 이 세상이 사랑으로 가득해지길 진심으로 기원합니다.

쓰기만 해도
소원이 이루어지는
행운 노트

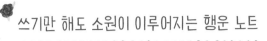

쓰기만 해도 소원이 이루어지는 행운 노트

쓰기만 해도 소원이 이루어지는 행운 노트

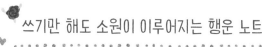

쓰기만 해도 소원이 이루어지는 행운 노트

쓰기만 해도 소원이 이루어지는 행운 노트

쓰기만 해도 소원이 이루어지는 행운 노트

191

쓰기만 해도 소원이 이루어지는 행운 노트

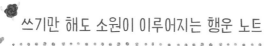

쓰기만 해도 소원이 이루어지는 행운 노트

쓰기만 해도 소원이 이루어지는 행운 노트

쓰기만 해도 소원이 이루어지는 행운 노트

쓰기만 해도 소원이 이루어지는 행운 노트

쓰기만 해도 소원이 이루어지는 행운 노트

쓰기만 해도 소원이 이루어지는 행운 노트

쓰기만 해도 소원이 이루어지는 행운 노트

평생 운이 좋아지는 법

1판 1쇄 발행 2017년 4월 20일

지은이 에레 마리아
옮긴이 정연우

기획 정연우
디자인 지선 디자인연구소
마케팅 정성훈

펴낸곳 아이콘북스
주소 서울시 강서구 공항대로 525, 504호 (등촌동, 비원오피스텔)
전화 070-7582-3382
팩스 02-325-9957
이메일 info@iconbooks.co.kr
홈페이지 www.iconbooks.co.kr
페이스북 www.facebook.com/iconbooksclub

한국어판 출판권 ⓒ 아이콘북스 2017
ISBN 978-89-97107-38-4 (03190)

• 잘못된 책은 바꿔 드립니다.
• 책값은 뒤표지에 있습니다.

아이콘북스는 독자 여러분의 다양한 아이디어와
원고 투고를 설레는 마음으로 기다리고 있습니다.
보내실 곳 : info@iconbooks.co.kr